¿Quién fue
Roberto Clemente?

¿Quién fue Roberto Clemente?

James Buckley Jr.

ilustraciones de Ted Hammond

traducción de Yanitzia Canetti

Penguin Workshop

Para Bill Pintard y los Santa Bárbara Foresters,
campeones dentro y fuera del terreno—JB

Para mi hermana Robin—TH

PENGUIN WORKSHOP
Un sello editorial de Penguin Random House LLC, Nueva York

Publicado por primera vez en los Estados Unidos de América por Penguin Workshop,
un sello editorial de Penguin Random House LLC, Nueva York, 2014

Edición en español publicada por Penguin Workshop, un sello
de Penguin Random House LLC, Nueva York, 2022

Traducción al español de Yanitzia Canetti

Visítanos en línea: penguinrandomhouse.com.

Los datos de Catalogación en Publicación de la Biblioteca del Congreso están disponibles.

Impreso en los Estados Unidos de América

ISBN 9780593522622

10 9 8 7 6 5 4 3 2 1 WOR

Contenido

¿Quién fue
Roberto Clemente?

En un soleado día de otoño de 1952, en Puerto Rico, Roberto Clemente llegó a un terreno de béisbol con unos pantalones de béisbol rotos y desgastados. El joven de dieciocho años llevaba su viejo guante y una gorra con una larga visera. La mayor parte del campo era tierra. Las pelotas

de béisbol que había allí eran muy viejas y usadas. Pero eso no le importaba a los cerca de setenta jóvenes jugadores que se habían presentado ese día. Todos tenían el mismo objetivo: ser descubiertos por un cazatalentos de un equipo de las Grandes Ligas. Aquel año, dieciséis equipos con sede en Estados Unidos formaban las Grandes Ligas, ocho en la Liga Americana y ocho en la Nacional. Para jóvenes peloteros como Roberto, llegar a las Mayores sería un sueño hecho realidad.

Durante las siguientes horas, Roberto hizo todo lo que pudo para alcanzar ese sueño. Hizo tiros largos y perfectos desde los jardines. Recorrió las bases más rápido que cualquier otro jugador. Corrió 60 yardas en 6,4 segundos (muy cerca del récord mundial de la época: ¡6,1 segundos!). Y conectó una línea tras otra. Después de ver la actuación de Roberto, los cazatalentos sabían que tenía las habilidades necesarias para llegar algún día a las Grandes Ligas. Un cazatalentos

que reclutaba para los Dodgers de Brooklyn dijo: "Roberto es el atleta con mejores condiciones naturales que he visto nunca".

Un año después, su sueño de Grandes Ligas se hizo realidad. Firmó con los Dodgers de Brooklyn y comenzó una de las carreras más destacadas de la historia del béisbol. Además, trabajó duro para hacer realidad los sueños de otras miles de personas.

Capítulo 1
Un bate de la rama de un guayabo

En un pueblo llamado Carolina, en el extremo noreste de la isla de Puerto Rico, nació Roberto Clemente Walker, el 18 de agosto de 1934. Como muchas personas de la isla, adoptó los apellidos de su padre y de su madre. Sin embargo, durante toda su vida, fue conocido por el apellido de su padre, Clemente.

Sus padres, Melchor y Luisa, tuvieron cinco hijos. Roberto era el más joven. Lamentablemente, su hermana mayor, Anairis, murió cuando él era muy joven. Se quemó en un accidente doméstico y nunca se recuperó de sus heridas.

Pero Roberto tenía tres hermanos mayores. También tenía un medio hermano y una medio hermana, hijos de Luisa de su primer matrimonio.

Con una familia tan grande, siempre había
alguien con quien jugar. Y a lo que jugaban era
al béisbol.

"Yo amaba el béisbol más que a nada en el
mundo", dijo Roberto años después. "Jugábamos
el día entero y no nos importaba si nos
perdíamos el almuerzo. Jugábamos hasta que era
completamente de noche y no se veía".

Roberto se ganó un apodo familiar para toda
la vida en estos años. No le gustaban las prisas y a
menudo decía: "Momentito, momentito". Por ello,
sus amigos y familiares lo bautizaron con el apodo
de "Momen".

Momen y sus amigos y hermanos jugaban al béisbol después del colegio y los fines de semana. Ellos no tenían equipos establecidos y creaban sus propias reglas. Se hacían sus propios implementos de juego. Roberto fabricaba pelotas de béisbol envolviendo calcetines viejos o trapos muy apretados con un cordel y luego cosiendo un trozo de tela sobre los calcetines. Los muchachos tallaban bates de béisbol con las ramas de los árboles de guayaba. A veces bateaban latas de aluminio aplastadas. Para hacer los guantes, cosían la tela de viejos sacos de café.

PUERTO RICO:
PARTE DE ESTADOS UNIDOS

EL ESTADO LIBRE ASOCIADO DE PUERTO RICO ES UN TERRITORIO INSULAR DE ESTADOS UNIDOS. ES DECIR, PERTENECE A ESTADOS UNIDOS, PERO NO ES UN ESTADO. JUAN PONCE DE LEÓN FUNDÓ EL PRIMER ASENTAMIENTO EUROPEO EN PUERTO RICO, ESTABLECIÉNDOLO COMO UNA COLONIA ESPAÑOLA. DESDE 1952 ES UN ESTADO LIBRE ASOCIADO DE LOS ESTADOS UNIDOS.

LA MAYORÍA DE SUS HABITANTES HABLAN ESPAÑOL. LOS PUERTORRIQUEÑOS SON CIUDADANOS ESTADOUNIDENSES, PERO NO PUEDEN VOTAR EN LAS ELECCIONES. UNOS CUATRO MILLONES DE PERSONAS VIVEN HOY EN PUERTO RICO, PERO MÁS DE CINCO MILLONES DE PERSONAS DE ASCENDENCIA PUERTORRIQUEÑA VIVEN EN ESTADOS UNIDOS.

Luisa Walker amaba a su hijo, y le preocupaba que se centrara demasiado en el béisbol. "Había veces que estaba tan obsesionado con el béisbol que ni siquiera le importaba comer", decía. De hecho, una vez intentó quemarle su bate, pero Roberto lo rescató de las llamas.

Todo ese intenso juego muy pronto convirtió a Roberto en uno de los mejores jugadores jóvenes de béisbol de Carolina. En un álbum de recuerdos, escribió sobre un partido de siete horas y media en el que pegó diez jonrones. Crecía y se fortalecía rápidamente y podía lanzar una pelota de béisbol más fuerte y más lejos que ningún otro jugador. También veía mucho béisbol. Para ir a un partido, su padre le daba

veinticinco centavos. Una entrada para el partido
costaba quince centavos y el billete de ida y vuelta
en autobús, un real.

En invierno, el clima de Puerto Rico era
muy agradable. Los mejores jugadores de
Estados Unidos iban a menudo a jugar en la
liga profesional de Puerto Rico. Era una forma
de mantenerse en forma durante la temporada
baja. Roberto observaba esos equipos, incluido su
equipo favorito, los Senadores de San Juan. Los
Senadores jugaban en la capital de la isla, San
Juan, no muy lejos de Carolina.

Aparte del béisbol, la familia era lo más importante para Roberto. Sus familiares se reunían la mayoría de las noches para contar

historias o escuchar la radio. Su hermano Justino
recordaba que su familia no conocía a ninguna
otra que tuviese una radio. Los Clemente no eran

pobres, pero estaban muy lejos de ser ricos. Su padre, Melchor, trabajaba en un ingenio azucarero y su madre, Luisa, lavaba la ropa de los vecinos. Roberto y sus hermanos a veces ganaban algún dinero llevándoles agua a los macheteros en los cañaverales. Y Luisa tenía un pequeño mercado en la puerta de su casa para generar un ingreso adicional.

Roberto era conocido como un niño siempre dispuesto a ayudar. Cuando tenía once años, iba a una escuela que no estaba cercada. Quería proteger su escuela y a los alumnos. Así que reunió a sus amigos y vecinos para recaudar dinero para construir la cerca. Cuando tenía doce años, ayudó a sacar a un herido de un coche en llamas en un accidente. ¡Tuvo que cruzar la autopista para llegar al lugar del choque!

Cuando tenía catorce años, Roberto Marín, mánager del equipo de *softball* de una empresa arrocera local, lo vio jugar. La mayoría de los jugadores del equipo eran hombres adultos que jugaban después del trabajo y los fines de semana.

Marín se dio cuenta de que Roberto podía jugar con ellos. En 1948, cuando él se unió al equipo de la fábrica de arroz Sello Rojo, dio su primer gran paso hacia su brillante futuro en el béisbol.

Capítulo 2
¡Llegaron los Cangrejeros!

Aunque Roberto era el campo corto estrella del equipo de *softball* de adultos Sello Rojo, ayudaba al equipo de atletismo de su escuela con su poderoso brazo de lanzar. Era tan bueno en el lanzamiento de la jabalina que ¡incluso hubiese podido participar en las Olimpiadas! Pero en su último año de la escuela secundaria, escogió seguir con el béisbol, su pasión, y dejó la jabalina.

Mientras estaba en la escuela secundaria, Roberto continuó mejorando en el béisbol para acabar ingresando en los Cangrejeros de Santurce. El Santurce jugaba en la principal liga de béisbol profesional de Puerto Rico. Estos hombres se ganaban la vida jugando al béisbol. El equipo estaba dirigido por Pedro Zorrilla, un hombre que llegaría a ser conocido como *Mr. Baseball* en Puerto Rico. En el otoño de 1952, le pagaba a Roberto cuarenta dólares a la semana para que jugara en su equipo.

EL BÉISBOL EN EL CARIBE

EL BÉISBOL LLEGÓ A LAS ISLAS DEL CARIBE EN LA DÉCADA DE 1860 DE LA MANO DE LOS MARINEROS VISITANTES, QUE PRACTICABAN EL "PASATIEMPO AMERICANO" ALLÁ ADONDE VIAJABAN. EN LAS ISLAS, MILES DE JÓVENES SE AFICIONARON A ESTE DEPORTE.

EL BÉISBOL HA SEGUIDO SIENDO MUY POPULAR EN MUCHOS PAÍSES DEL CARIBE. LA REPÚBLICA DOMINICANA HA ENVIADO A CIENTOS DE JUGADORES A LAS GRANDES LIGAS EN LAS ÚLTIMAS DÉCADAS.

ROBERTO CLEMENTE FUE UNO DE LOS MÁS DE DOSCIENTOS JUGADORES DE LAS GRANDES LIGAS QUE HAN VENIDO DE PUERTO RICO. CUBA HA GANADO MEDALLAS DE ORO OLÍMPICAS EN BÉISBOL Y OTROS TORNEOS INTERNACIONALES DE BÉISBOL. Y MÉXICO Y VENEZUELA, DOS PAÍSES QUE BORDEAN EL MAR CARIBE, TIENEN LIGAS DE BÉISBOL MUY POPULARES.

MUCHAS DE LAS ISLAS TIENEN HOY LIGAS PROFESIONALES ACTIVAS. DESDE 1949, CADA INVIERNO SE HA CELEBRADO LA SERIE DEL CARIBE. LOS EQUIPOS CAMPEONES DE CUATRO ZONAS (MÉXICO, VENEZUELA, PUERTO RICO Y LA REPÚBLICA DOMINICANA) COMPITEN PARA GANAR ESA SERIE.

Los Cangrejeros incluían a buenos jugadores de Puerto Rico y Estados Unidos. Algunos jugaban o habían jugado en las Grandes Ligas. Su entrenador, Buster Clarkson, había sido jugador de cuadro en las Ligas Negras de Estados Unidos. Él ayudó mucho a Roberto a mejorar su juego. Roberto dijo: "Buster solía decirme que soy tan bueno como cualquiera en las Grandes Ligas".

Menos de un mes después de debutar con los Cangrejeros, Roberto fue a una prueba de las Grandes Ligas. Tiró más fuerte y corrió más rápido que los otros jugadores. Era tan impresionante que varios equipos querían ficharlo. Pero, todavía estaba en el instituto. Para Roberto y los cazatalentos que estaban allí ese día, la prueba fue solo una señal de lo que estaba por venir.

En el invierno de 1953-1954, cuando Roberto

terminó la escuela secundaria, tuvo la edad suficiente para ir en busca de su mayor objetivo: firmar con un equipo de las Grandes Ligas. Los equipos profesionales de Puerto Rico eran buenos, pero las Grandes Ligas de Estados Unidos eran la cima del mundo del béisbol. Los cazatalentos lo habían visto jugar con los Cangrejeros. Varios clubes de las Grandes Ligas le ofrecieron contratos. En nombre de Roberto, su padre, Melchor, aceptó un acuerdo con los Dodgers de Brooklyn, que jugaban en Nueva York.

Roberto recibió una bonificación de 10 000 dólares por su primera temporada, que comenzaría en la primavera de 1954. Poco después, los Bravos de Milwaukee le ofrecieron 30 000 dólares, pero él se quedó con Brooklyn. Podría haber rechazado la oferta más baja de los Dodgers, pero, como dijo más tarde: "Fue difícil, pero les había dado mi palabra a los Dodgers". Para Roberto, mantener su palabra era más importante que cualquier cantidad de dinero.

Sin embargo, la siguiente parada de Roberto no fue en Brooklyn. Fue en el lejano Canadá.

Capítulo 3
En el lejano Montreal

Los Dodgers de Brooklyn enviaron a algunos de sus jugadores más jóvenes a los Reales de Montreal, de Canadá, para que se prepararan para las Grandes Ligas. Los Reales formaban parte de las Ligas Menores de los Dodgers, equipos creados para desarrollar futuros talentos de las Grandes Ligas. Los Dodgers sabían que Roberto era muy bueno, pero que aún no estaba completamente preparado.

Roberto comenzó bien con los Reales. En su primer partido de entrenamiento de las Ligas Menores, ¡conectó un jonrón dentro del parque!

Pero la vida era dura en Montreal. Estaba muy lejos de casa y se sentía muy solo. Hacía mucho más frío en Canadá que en Puerto Rico. Muchos en Montreal solo hablaban francés, mientras que

Roberto hablaba español y muy poco inglés.

Para colmo, ¡sus compañeros solo hablaban inglés! Un jugador cubano mayor que él, Chico Fernández, le enseñó a pedir "huevos con jamón" en inglés. Al menos, no pasaría hambre.

Por primera vez, Roberto se enfrentaba a la segregación; un sistema que separa a las personas en los restaurantes, en los hoteles, en los cines, incluso en las fuentes de agua potable, según el color de su piel. Aunque era puertorriqueño, fuera de su isla natal era negro. Canadá era tolerante con todas las razas. Pero en la década de 1950, en muchas partes de Estados Unidos, las personas negras eran consideradas ciudadanos de segunda clase. Así, durante un viaje con los Reales a Richmond, Virginia, a Roberto y a otros jugadores negros se les dijo que no podían comer en un restaurante con sus compañeros blancos. Tenían que comer en un restaurante que era solo para negros.

Esto molestó mucho a Roberto, especialmente porque en su país, Puerto Rico, no existía la segregación. "No creo en el color", dijo más tarde. "Creo en las personas".

A Roberto no lo dejaban jugar con frecuencia en Montreal. Podía tener un magnífico partido y luego lo dejaban en el banco varios partidos seguidos. A veces, su entrenador lo sustituía por un bateador emergente, incluso cuando sabía que él era mejor impulsor de carreras.

Estaba muy confundido y se preguntaba por qué no jugaba todos los juegos y por qué el equipo no aprovechaba mejor sus destrezas. Le dijo a su hermano Justino que estaba pensando en volver a casa.

"Nunca pensé que llegaría tan alto", dijo Roberto más tarde. "Luego llegué… y no me dejaron jugar".

En realidad, los Dodgers tenían un plan… ¡era mantener oculto a Roberto!

Como Roberto había firmado un contrato de un año con Montreal, al final del año sería elegible para ser reclutado por otro equipo bajo las reglas de las Grandes Ligas de Béisbol en ese momento. Los Dodgers pensaron que jugar en las Ligas Menores le daría a Roberto la oportunidad de mejorar aún más. La temporada siguiente, los Dodgers esperaban subirlo a las Mayores. Mientras tanto, esperaban que nadie descubriera su joya, Roberto, en las Ligas Menores de Canadá.

Cuando terminó la temporada con los Reales, Roberto regresó a su casa en Puerto Rico para pasar tiempo con su familia. También se unió a los Cangrejeros de Santurce y les ayudó a ganar el campeonato de la liga. Roberto jugaba en el jardín izquierdo. El jardinero central de esa temporada era el gran Willie Mays. Mays ya era un héroe de la Serie Mundial para los Gigantes de Nueva York y llegaría a batear 660 jonrones en su trayectoria hacia el Salón de la Fama. Al igual que muchos jugadores de las Grandes Ligas, Mays solía jugar en Puerto Rico durante los meses de invierno. Los Cangrejeros ganaron la Serie del Caribe de 1955 y todavía se les considera uno de los mejores equipos que han jugado en Puerto Rico.

No todo fueron buenas noticias para Roberto durante la temporada de los Cangrejeros. Yendo a

visitar a su medio hermano Luis en el hospital, otro conductor chocó con su coche y él se lesionó el cuello y la espalda, pero no recibió atención médica en ese momento. Luis falleció al día siguiente, y Roberto sufriría por sus lesiones el resto de su vida.

En noviembre de ese mismo año, una reunión de béisbol celebrada en Nueva York cambió la vida de Roberto para bien. El talento de Roberto Clemente era demasiado grande para ocultarlo, incluso en Canadá. El secreto de los Dodgers salió a la luz, y Roberto era ahora elegible para ser reclutado por otro equipo. En la reunión, los Piratas de Pittsburgh lo escogieron. Esta vez, Momen había llegado a las Grandes Ligas de verdad.

Capítulo 4
Bienvenido a las Mayores

Cada año, los equipos se preparan para la temporada en los entrenamientos de primavera. Se ejercitan y practican sus habilidades. Para los jugadores jóvenes, es una oportunidad para demostrar sus habilidades. Para Roberto, era solo otro lugar al que acostumbrarse.

Aunque Roberto sufrió la segregación con los Reales, el entrenamiento con los Piratas en Fort Myers, Florida, fue mucho peor. Los jugadores blancos se alojaban en un hotel

lujoso y los negros en casas cuyos propietarios eran personas negras. No se les permitía entrar en el lujoso hotel. Los blancos disfrutaban de clubes de golf y piscinas; los negros no. Incluso en el estadio, había segregación. Había secciones separadas para

los aficionados negros y los blancos. ¡Hasta los bebederos de agua estaban separados!

Esta separación era chocante para Roberto. En Puerto Rico blancos y negros estaban juntos.

De regreso a Pensilvania, a Roberto le fue

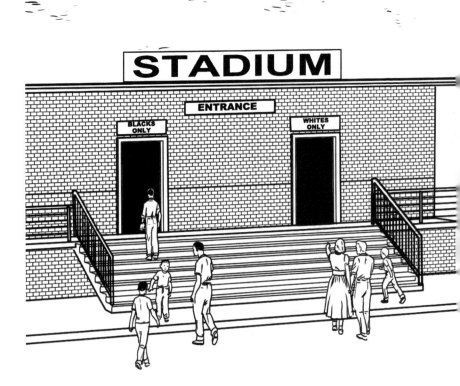

difícil conocer a sus nuevos compañeros de equipo en los Piratas, ya que hablaba poco inglés. "No hablar el idioma", dijo más tarde, "era un problema terrible". [Eso] significaba que eras diferente.

Le dijo a un periodista: "Yo ni siquiera sabía dónde estaba Pittsburgh".

En la década de 1950, los Piratas no eran un equipo fuerte. No habían estado en la Serie Mundial desde 1927, ni ganado una temporada desde 1948.

Roberto jugó su primer partido de las Grandes Ligas el 17 de abril de 1955 contra los Dodgers de Brooklyn, ¡el equipo que lo había contratado originalmente! En su primer turno al bate, conectó el primer imparable de su carrera, un sencillo al cuadro. Los Dodgers probablemente se preguntaron si se habían equivocado al ocultarlo en las Ligas Menores ¡en lugar de subirlo directamente! Roberto se desempeñó muy bien durante los siguientes meses, bateando por encima de .300.

Pero, avanzado el verano, sus promedios de bateo
bajaron. Una de las razones era que se sentía solo.
Seguía extrañando a su familia y amigos

de Puerto Rico. No encajaba con los jugadores negros estadounidenses porque hablaba poco inglés. Y tampoco encajaba con la mayoría de los jugadores blancos. Sus mejores amigos ese año fueron los Garland, una pareja negra con la que se hospedaba. Ellos le presentaron a sus amistades, le preparaban la cena, y le ayudaron a sentirse más cómodo en su nuevo entorno.

Roberto se perdió algunos juegos de esa

temporada por su dolor de espalda. Todavía le molestaba después del accidente de carro. Tanto en aquella época como ahora, se espera que los jugadores de béisbol sean fuertes y "jueguen" aun con lesiones menores. Cuando pedía tiempo libre o hablaba de sus lesiones, a veces era ridiculizado por otros jugadores, incluso por sus compañeros de equipo. Pensaban que fingía sus lesiones o las exageraba. Y no les gustaban los quejicas.

Cuando terminó la temporada de 1955, Roberto regresó a su casa en Puerto Rico para pasar el invierno. Los Piratas estaban satisfechos con su desempeño esa temporada, pero sabían que podía dar mucho más. "Yo diría que era obvio que no había jugado mucho béisbol profesional, que tenía cosas que aprender", dijo el presidente de los Piratas, Joe Brown. "Pero era aún más obvio que tenía un gran talento".

GATE 6

EL ENTRENAMIENTO DE PRIMAVERA

LOS EQUIPOS DE LAS GRANDES LIGAS HAN
TENIDO ENTRENAMIENTOS DE PRIMAVERA DESDE
LA DÉCADA DE 1920, Y ALGUNOS DESDE LA DÉCADA
DE 1880. EN AQUELLA ÉPOCA, LA MAYORÍA DE
LOS EQUIPOS ERAN DEL NORESTE Y DEL MEDIO
OESTE. A FINALES DEL INVIERNO Y PRINCIPIOS
DE LA PRIMAVERA, HACÍA DEMASIADO FRÍO
PARA PRACTICAR EL BÉISBOL, POR LO QUE LOS
EQUIPOS SE DESPLAZABAN AL SUR PARA JUGAR EN
UN CLIMA MÁS CÁLIDO.

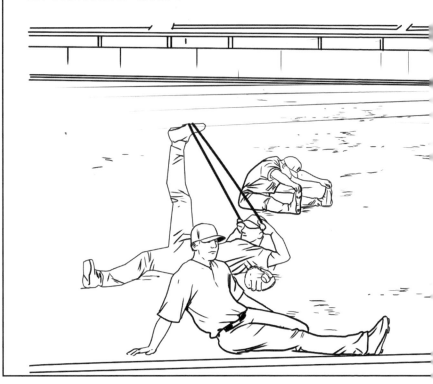

HOY EN DÍA, LOS EQUIPOS TIENEN CAMPOS
DE ENTRENAMIENTO EN FLORIDA Y ARIZONA. ALLÍ,
LOS JUGADORES SE ENTRENAN PARA LA PRÓXIMA
TEMPORADA, SE CONOCEN ENTRE SÍ Y SE PRUEBAN
A LOS MÁS JÓVENES. LOS ENTRENADORES
OBSERVAN PARA VER CUÁLES JUGADORES TIENEN
LAS MEJORES HABILIDADES Y LUEGO DECIDEN
QUIÉNES JUGARÁN EN LAS LIGAS MAYORES Y
QUIÉNES SE QUEDARÁN EN LAS MENORES.

Capítulo 5
En casa y lejos de ella

Roberto pasó los siguientes años jugando en Pittsburgh en verano y luego viviendo y jugando en Puerto Rico en invierno.

Lentamente, Roberto se fue sintiendo más cómodo en Pittsburgh. Poco a poco, su inglés fue mejorando. Pero, los periodistas deportivos seguían teniendo problemas para comunicarse con él.

Algunos no fueron amables con Roberto. Escribían lo que él decía de una manera que lo hacía parecer inculto. Cuando decía "*hit*", escribían "*heet*". Cuando decía "*big leagues*", escribían "*beeg leegs*". De esa forma se burlaban de su fuerte acento hispano.

Luego, en 1957, su tarjeta oficial de béisbol se imprimió con el nombre "Bob" Clemente, no Roberto. El error se repetiría durante varios años más. Para un hombre tan orgulloso de su herencia hispana, esto era un gran insulto. A causa de ese trato,

Roberto estaba decidido a convertir todo ese fuego que lo consumía por dentro en éxito en el terreno de juego.

Roberto no pegaba muchos jonrones, pero sí conectaba líneas hacia todos los jardines. En la defensa, era extraordinario. Demostró una y otra vez que tenía el mejor brazo de las Grandes Ligas.

LAS TARJETAS DE BÉISBOL

LAS TARJETAS DE BÉISBOL EMPEZARON A IMPRIMIRSE EN LA DÉCADA DE 1880. SE INCLUÍAN EN LAS CAJAS DE CIGARRILLOS. EN LA DÉCADA DE 1930, LAS EMPRESAS DE CHICLES EMPEZARON A VENDERLAS CON SU PRODUCTO. EN 1952, LA COMPAÑÍA TOPPS PRODUJO LA PRIMERA SERIE COMPLETA DE TARJETAS DE LAS GRANDES LIGAS. LOS CROMOS DE TOPPS CONVIRTIERON EL COLECCIONISMO EN UN PASATIEMPO POPULAR QUE CONTINÚA HASTA EL DÍA DE HOY.

LAS FOTOS PARA LAS TARJETAS SE TOMAN EN LOS ENTRENAMIENTOS DE PRIMAVERA.

LAS TARJETAS INCLUYEN ESTADÍSTICAS Y DATOS SOBRE LOS JUGADORES, AUTÓGRAFOS, FACSÍMILES Y LOGOTIPOS DE LOS EQUIPOS. CADA AÑO SE UTILIZA UN NUEVO DISEÑO DE TARJETA.

EN LOS AÑOS 80 OTRAS COMPAÑÍAS SE UNIERON A TOPPS EN LA FABRICACIÓN DE

TARJETAS DE BÉISBOL. EL VALOR DE ALGUNAS DE LAS TARJETAS MÁS ANTIGUAS AUMENTÓ DRAMÁTICAMENTE. EN 1991, UNA TARJETA DE 1909 DEL MIEMBRO DEL SALÓN DE LA FAMA HONUS WAGNER ESTABA VALORADA EN 451 000 DÓLARES. EN 2011, LA MISMA TARJETA SE HABÍA VENDIDO POR 2,8 MILLONES DE DÓLARES.

Mientras tanto, cuando jugaba en su país en la liga puertorriqueña, animaba a los jugadores más jóvenes y ayudaba a mantener a su familia con el dinero que ganaba en el terreno de béisbol. Les compró una casa a sus padres. También ayudó a sus hermanos y a sus sobrinos. A finales de 1958, Roberto se tomó un descanso del béisbol y se fue a Carolina del Sur a entrenar con los Marines de los Estados Unidos.

En aquella época, todos los jóvenes estadounidenses sanos, incluidos los de Puerto Rico, tenían que servir algún tiempo en el ejército. Roberto se alistó en la Reserva de los Marines. Cuando terminó su entrenamiento a principios de 1959, era un marine, pero solo tendría que servir en caso de guerra. Tras el entrenamiento para los marines, volvió al béisbol.

En 1960, tras cinco temporadas en las Grandes Ligas, Roberto aún no era una estrella. Sabía que tenía que mejorar su juego para que tanto él, como los Piratas, llegasen a ser campeones.

Capítulo 6
1960

Roberto tuvo un gran comienzo en la temporada de 1960. En los primeros cuatro meses, estaba entre los mejores bateadores de la liga, e impulsando más carreras que nunca. En mayo,

fue elegido Jugador del Mes de la Liga Nacional. En julio, fue escogido para integrar el equipo de las estrellas de la Liga Nacional por primera vez. A los Piratas también les estaba yendo muy bien, lo que suponía un gran cambio respecto a las últimas temporadas.

A medida que el verano avanzaba, más y más

personas se fueron dando cuenta de algo que sus compañeros de equipo ya sabían: Roberto Clemente era ahora uno de los mejores jardineros del béisbol. Terminó la temporada con su mejor promedio de bateo hasta entonces y el cuarto mejor de la Liga

Nacional. También lideró a los Piratas con 94 carreras impulsadas y estableció un nuevo récord personal con 16 jonrones. El 25 de septiembre, los Piratas lograron el título de la Liga Nacional. Llegaron a la Serie Mundial por primera vez en 33 años.

Luisa Clemente y el hermano de Roberto, Matino, volaron a Pittsburgh para verlo jugar en la Serie Mundial. El padre de Roberto, Melchor, le temía a los aviones, por lo que se quedó en casa, en Carolina, y escuchó los partidos por la radio.

Junto con los aficionados al béisbol de todo el mundo, Melchor escuchó una de las Series Mundiales más emocionantes de la historia. Los poderosos Yankees de Nueva York, campeones de la Liga Americana, contaban con una alineación de bateadores temibles como: Mickey Mantle, Yogi Berra y Roger Maris. En un juego de la Serie Mundial, vencieron a Pittsburgh 16-3 y en otro 12-0. Después de seis partidos, los Piratas habían

anotado 17 carreras, mientras que los Yankees
¡habían acumulado 46! Sin embargo, los Piratas
consiguieron ganar tres juegos.

El séptimo juego era decisivo. Roberto conectó
sencillos en cada uno de los primeros 6 juegos y en
la defensa fue espectacular.

El séptimo juego de la Serie Mundial de 1960 fue uno de los más inolvidables de la historia. Los Piratas iban perdiendo 7-4 al final de la octava entrada. Pero se recuperaron y ¡anotaron cinco carreras para tomar una ventaja de 9-7!

Roberto impulsó una carrera en el *rally* y anotó

LA SERIE MUNDIAL

LA SERIE MUNDIAL SE JUEGA A FINALES DE OCTUBRE, AL FINAL DE LA TEMPORADA DE BÉISBOL DE LAS GRANDES LIGAS. ES UNA SERIE DE SIETE JUEGOS ENTRE LOS CAMPEONES DE LA LIGA AMERICANA Y LA LIGA NACIONAL. EL PRIMER EQUIPO QUE GANA CUATRO JUEGOS ES EL CAMPEÓN DE LA SERIE MUNDIAL.

LA PRIMERA SERIE MUNDIAL SE JUGÓ EN 1903 ENTRE LOS AMERICANOS DE BOSTON (MÁS TARDE LLAMADOS MEDIAS ROJAS) Y LOS PIRATAS DE PITTSBURGH (GANÓ BOSTON). LA SERIE MUNDIAL SE HA JUGADO TODOS LOS AÑOS DESDE ENTONCES, EXCEPTO EN 1904, CUANDO LOS GIGANTES DE NUEVA YORK SE NEGARON A JUGAR, Y EN 1994, CUANDO TODOS LOS JUGADORES DE LAS GRANDES LIGAS ESTABAN EN HUELGA. EN LOS ÚLTIMOS 110 AÑOS, LOS YANKEES DE NUEVA YORK HAN GANADO 27 SERIES MUNDIALES, MÁS QUE NINGÚN OTRO EQUIPO.

otra. Los Yankees respondieron y empataron en la parte alta de la novena entrada.

El primer bateador de la parte baja de la novena entrada fue el segunda base de los Piratas, Bill Mazeroski. Disparó un jonrón y los Piratas ganaron, 10-9. ¡Era la primera vez que una Serie Mundial se definía por un jonrón en la última entrada! Los aficionados de Pittsburgh celebraron hasta bien entrada la noche.

Por primera vez desde que llegó a Estados Unidos, Roberto fue campeón de béisbol. Estaba muy feliz de compartir la victoria con sus compañeros de equipo y con su familia.

Cuando terminó la temporada, se anunció el Jugador Más Valioso de la Liga Nacional de 1960 tras la votación de un grupo de periodistas de béisbol. El ganador fue su compañero de equipo, el campo corto Dick Groat.

Roberto terminó en octavo lugar, aunque consideraba que había tenido una mejor temporada que varios de los jugadores que recibieron más votos que él. Esto le dolió mucho. Sentía que los periodistas que habían votado para el premio no lo habían hecho por él por su raza y por sus problemas con el inglés. Roberto nunca había conectado realmente con la mayoría de los hombres que escribían sobre el equipo.

Sin embargo, había conectado con los aficionados de Pittsburgh. "[Mi] mayor emoción

fue cuando salí de la sede del club después del último partido de la Serie y vi a miles de aficionados en la calle", dijo.

"En aquel momento no me sentía como un jugador. Me [sentía] como uno de [ellos], y caminaba por las calles entre ellos".

De vuelta a casa, en Puerto Rico, fue recibido como un héroe. Pero nunca se le olvidó lo mal que lo hizo sentir aquella votación por el Jugador Más Valioso (MVP).

Capítulo 7
Distinciones y matrimonio

Por muy bueno que fuera en el terreno, Roberto seguía enfrentándose al racismo fuera de él. En ese momento, en Estados Unidos, la cuestión de los derechos civiles (la igualdad de derechos para todas las razas) era muy importante. Él no temía hablar de sus sentimientos.

Durante los entrenamientos de primavera de 1961, él y otros compañeros negros aún vivían separados de los jugadores blancos. Roberto dijo: "Era como estar en prisión. Todos se divierten durante los entrenamientos: nadan, juegan al golf y van a las playas. Nosotros, solo podemos dejar pasar el tiempo hasta regresar al norte. No es divertido".

Roberto seguía las noticias sobre el movimiento

de los derechos civiles.

Admiraba a su líder, Martin Luther King Jr.,
quien lo visitó en su casa cuando viajó a Puerto Rico.

Pero Roberto pronto volvió a enfocarse en el terreno de juego. En 1961, fue el mejor bateador de la Liga Nacional, con un promedio de bateo de .351. Además de la mejoría en su bateo, continuó siendo un fantástico jardinero derecho. En la temporada de 1961, ganó el Guante de Oro, que se otorga a los jugadores por su excelencia en el fildeo. Los jugadores y los entrenadores votan para elegir al mejor jugador de cada posición en cada liga. Roberto ganó el Guante de Oro en todas las temporadas siguientes que jugó. Su total de doce

Guantes de Oro, lo mantiene empatado con Willie Mays, su antiguo compañero de equipo en los Cangrejeros, como el mayor número de Guantes de Oro obtenidos en la historia entre los jardineros.

Al finalizar la temporada de 1961, recibió un bate de plata como trofeo por su título de bateo. Cuando regresó a su casa en Puerto Rico, dijo: "En nombre de mi familia, en nombre de Puerto Rico y en nombre de todos los jugadores que no tuvieron la oportunidad de jugar para Puerto Rico en las Grandes Ligas, les doy las gracias".

Roberto hablaba de Puerto Rico siempre que podía. Estaba enormemente orgulloso de su isla natal. Volvió a ella cada otoño a lo largo de su carrera.

Estaba agradecido con los jugadores más veteranos que le habían enseñado el juego, y dedicaba todo el tiempo que podía a ayudar a los más jóvenes a mejorar sus habilidades.

A principios de 1964, mientras estaba en Puerto Rico, Roberto conoció a una joven llamada Vera Zabala en una farmacia y se enamoró de ella rápidamente. La persiguió con la misma pasión que mostraba en el campo de béisbol.

Vera Zabala tenía veintidós años y trabajaba en un banco. Cuando Roberto se presentó, ella se limitó a responder amablemente. Sabía que él era una de las personas más famosas de la isla, pero no era aficionada al béisbol. Durante los próximos meses, Roberto la invitó a salir una y otra vez. La visitaba en el banco y le enviaba cartas. Finalmente, la conquistó. Ella aceptó salir con él, pero solo cuando sus padres le dieron permiso.

El día de su primera cita, Roberto la recogió en el banco. Los compañeros de trabajo de Vera

estaban tan emocionados por ver a la estrella del béisbol, ¡que todos salieron a la calle para ver salir a la pareja!

Roberto tenía prisa por formalizar su relación. "La primera vez que vino a mi casa, dijo que se iba a casar conmigo", recuerda Vera. "Después de algunas citas, trajo fotos de casas y también un anillo de diamantes".

Al poco tiempo fue a ver al padre de Vera

y le pidió su mano. El Sr. Zabala temía que, al ser Roberto una gran estrella, quisiera salir con muchas otras mujeres. "Puedo ir a la esquina y probablemente despertar el interés de diez mujeres", le dijo Roberto. "Pero eso no me interesa. La mujer que amo está aquí".

Roberto y Vera se casaron el 14 de noviembre de 1964.

Capítulo 8
La familia es lo primero

Además de su éxito en el terreno de béisbol, Roberto tenía ahora algo más de lo que estar orgulloso: su creciente familia. Él y Vera tuvieron su primer hijo, Roberto Jr. en agosto de 1965. El segundo, Luis Roberto, nació en julio de 1966.

Y ya que pasaba más tiempo en casa, comenzó

una nueva afición. Recogía la madera que flotaba en las playas cercanas para convertirla en muebles o regalos para sus amigos. Además, compró un órgano para la nueva casa y aprendió a tocarlo de forma autodidacta.

Roberto Jr. recordaba más tarde que la gente acudía a su casa a todas horas. Querían conocer al gran Clemente. Roberto saludaba a todo el que tocaba a su puerta, le preguntaba en qué podía ayudarlo y, a veces, hablaba durante horas.

Sin embargo, dijo Vera, "[Cuando podía] evitaba otros compromisos para pasar tiempo en familia. En la casa no se hablaba de béisbol, a menos que un visitante lo hiciera".

Ya de regreso a Pittsburgh con los Piratas, trató de mantenerse saludable. Se preparaba una bebida a base de huevos crudos, azúcar y zumo de frutas para fortalecerse.

También tomaba miel antes de cada partido. Pero seguía con una serie de lesiones en la

espalda, las piernas, el codo y el hombro.

En 1966, Roberto obtuvo por fin el premio al Jugador Más Valioso de la Liga Nacional.

"Es el mayor honor para un jugador", dijo. "Por supuesto, podría haber sido para Sandy Koufax, pero tuve la mejor temporada de mi carrera y confiaba en que los periodistas votarían por mí. Les agradezco que lo hayan hecho".

En 1967, ganó su cuarto campeonato de bateo de la Liga Nacional con un promedio de .357, el más alto de su carrera. Solo ocho jugadores han ganado tantos títulos de bateo en la Liga Nacional. A pesar de su fama, Roberto respondía al correo de sus fans con regularidad. Lo clasificaba para responder primero las cartas de los niños de las ciudades donde los Piratas jugarían el siguiente partido. Y a menudo visitaba a los niños hospitalizados cuando el equipo recorría el país.

Una vez dijo que firmaba más de veinte mil autógrafos al año.

Él quería utilizar su fama y su dinero para construir un gran parque deportivo en su país, Puerto Rico. Planeaba construir campos deportivos, gimnasios y aulas. Los niños de toda la isla podrían acudir allí para aprender nuevos deportes y mejorar sus habilidades. Encontró un lugar para este proyecto y empezó a recaudar dinero para comprarlo y construir su sueño.

En 1969, Vera y él se sintieron muy felices de

que naciera su tercer hijo, Enrique.

Roberto siguió trabajando con muchos
jugadores jóvenes de América Latina que llegaban a
Estados Unidos para jugar en las Grandes Ligas. Su
éxito y el de otros jugadores del Caribe llevó a los
equipos de las Grandes Ligas a buscar y contratar
a más peloteros caribeños. Roberto se aseguraba de
reunirse con los nuevos jugadores cuando viajaba
de ciudad en ciudad. Los llevaba a cenar o les daba
consejos sobre cómo adaptarse a la vida en Estados
Unidos y en las Grandes Ligas.

PELOTEROS LATINOAMERICANOS

MUY POCOS JUGADORES DEL CARIBE JUGARON EN LAS MAYORES ANTES DE ROBERTO CLEMENTE. VARIOS JUGADORES CUBANOS LLEGARON A LOS ESTADOS UNIDOS A PRINCIPIOS DEL SIGLO XX. ALGUNOS DE REPÚBLICA DOMINICANA Y DE PUERTO RICO TAMBIÉN JUGARON EN LA DÉCADA DE 1950. SIN EMBARGO, CON EL ÉXITO DE ROBERTO Y OTROS EN LA DÉCADA DE 1960, EL NÚMERO DE JUGADORES CRECIÓ RÁPIDAMENTE. EN LA DÉCADA DE 1970, DOCENAS DE JUGADORES DE MUCHOS PAÍSES LATINOAMERICANOS HABÍAN SIDO RECLUTADOS PARA LAS GRANDES LIGAS.

EN 2009, SE INAUGURÓ UNA EXPOSICIÓN PERMANENTE EN EL SALÓN DE LA FAMA DEL BÉISBOL DE COOPERSTOWN, NUEVA YORK. "¡VIVA EL BÉISBOL!" RINDE HOMENAJE A LOS NUMEROSOS JUGADORES ESTRELLA PROCEDENTES DE PAÍSES CARIBEÑOS Y LATINOAMERICANOS.

ADEMÁS DE ROBERTO, OTROS GRANDES JUGADORES DE BÉISBOL LATINOAMERICANOS SON:

- TONY PÉREZ Y TONY OLIVA (CUBA)
- ROD CAREW Y MARIANO RIVERA (PANAMÁ)
- JUAN MARICHAL, PEDRO MARTÍNEZ, ALBERT PUJOLS, ROBINSON CANÓ Y DAVID ORTIZ (REPÚBLICA DOMINICANA)

- IVÁN RODRÍGUEZ Y ROBERTO ALOMAR (PUERTO RICO)

EN 2013, MÁS DEL 27% DE LOS JUGADORES DE LAS GRANDES LIGAS ERAN DE PAÍSES DE HABLA HISPANA.

Capítulo 9
De nuevo en la cima

En 1970, Roberto ya era bien conocido por sus múltiples buenas acciones. El 24 de julio, los Piratas lo homenajearon con una ceremonia especial en su estadio de Pittsburgh.

Decenas de amigos y familiares volaron desde Puerto Rico para la Noche de Roberto Clemente. Incluso Melchor vino con Luisa, superando su miedo a volar. Su mujer y sus hijos lo miraban orgullosos. Se pronunciaron discursos en español e inglés en su honor. Roberto pidió que, en lugar de honrarlo con regalos, donaran dinero a un hospital infantil de Pittsburgh.

A principios de 1971, durante un banquete celebrado en Houston, Roberto recibió el premio *"Tris Speaker Memorial"* como mejor jugador, de parte de la Asociación de Periodistas de Béisbol de Estados Unidos. Eran los mismos que lo habían insultado en el pasado, los mismos que en el pasado se burlaron de su acento.

Esta vez, lo eligieron por sus logros dentro y fuera del terreno. Por hablar contra el racismo, por animar siempre a los puertorriqueños, y por donar su tiempo y su dinero para mejorar la vida de los demás, Roberto se había convertido en algo más que un jugador de béisbol. Los periodistas finalmente lo reconocieron.

En un discurso de aceptación del premio, dijo estas memorables palabras: "Si tienes la oportunidad de hacer algo que mejore las cosas para la gente que viene detrás de ti, y no lo haces, estás perdiendo tu tiempo en esta tierra".

La temporada de 1971 fue otro triunfo para los Piratas y para Roberto. Ese año, los Piratas ganaron la División Este de la Liga Nacional en la temporada regular. Eso les dio el pase a la post temporada, donde vencieron a los Gigantes de San Francisco. Con esa victoria, Pittsburgh pasó a la Serie Mundial contra los Orioles de Baltimore.

Sin embargo, para poder jugar en el primer partido de la Serie Mundial, Roberto tuvo que recuperarse una vez más. Mientras estaba en Baltimore antes del primer partido, se intoxicó severamente con algo que comió. "El médico estaba preocupado y yo también", dijo Vera. "No durmió nada, pero fue al partido y jugó bien".

En realidad, hizo mucho más que eso: dominó la contienda.

Roberto pegó al menos un imparable en cada uno de los siete juegos. Jugó una defensa perfecta. Su cuadrangular en el séptimo juego puso a los Piratas delante hasta el final.

Después de batear .414 en la Serie Mundial, fue nombrado el Jugador Más Valioso de la Serie Mundial. Era ahora la mayor estrella del béisbol. Junto con la alegría de la Noche de Roberto Clemente un año antes, esta Serie Mundial fue el punto culminante de su carrera.

Roberto recibió su premio en medio de la celebración en la sede del Club. Mientras era entrevistado por la televisión en directo, habló con el corazón. Y lo hizo en español, algo que nunca antes se había hecho durante una transmisión de las Grandes Ligas de Béisbol en directo. Les habló a las personas que más quería: su familia. "En el día más grande de mi vida, para los nenes la bendición mía y que mis padres me echen la bendición".

Un año más tarde, cuando estaba considerando retirarse del béisbol, consiguió su imparable número tres mil. En 1972, fue el undécimo jugador en alcanzar esa marca. Fue el primer jugador hispano con tres mil hits. Los Piratas volvieron a llegar a la post temporada de 1972, pero perdieron el título de campeones de la Liga Nacional ante los Rojos de Cincinnati. Tal como hacía después de cada temporada, Roberto se despidió de sus compañeros de equipo y regresó a Puerto Rico. Nunca se imaginaron que no volverían a verlo.

Capítulo 10
Un final inesperado

En noviembre de 1972, Roberto fue nombrado director de un equipo de estrellas de Puerto Rico. Viajaron a Nicaragua para jugar un torneo. Durante sus semanas allí, hizo lo que siempre hacía: dirigió clínicas de béisbol y visitó 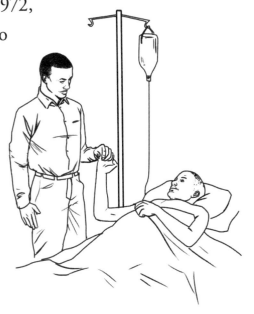 a niños enfermos en los hospitales.

Conoció a un joven con las piernas lesionadas y le prometió ayudar a pagar su operación. Todas las mañanas salía a la calle con una bolsa de monedas y las repartía entre los transeúntes. Se encariñó mucho con los nicaragüenses en su corta visita.

A su regreso a casa, le trajo un mono araña como mascota a Ricky, juguetes para sus otros hijos y ropa nueva para Vera. También trajo muchos regalos para sus padres y otros familiares.

A finales de diciembre, un terrible terremoto sacudió Nicaragua. Muchas de las personas que Roberto acababa de conocer murieron o resultaron heridas. Cinco millas cuadradas en el centro de la ciudad de Managua fueron destruidas. Roberto se dispuso inmediatamente a ayudar. Organizó una campaña para recaudar dinero y reunir artículos de primera necesidad, como alimentos, medicinas y ropa. Acudió a la televisión y la radio y le pidió a la gente que diera dinero y

apoyo a las víctimas del terremoto.

Pronto un avión realizaba vuelos desde
Puerto Rico a Nicaragua. Poco después de que
los suministros empezaran a llegar a Nicaragua,
Roberto se enteró de que estaban siendo mal
utilizados y no siempre se entregaban a quienes
más los necesitaban. Se quedó estupefacto,
pero comprendió lo que tenía que hacer: Ir él
personalmente para asegurarse de que la gente, sus
amigos, recibieran lo que necesitaban.

Cuando se preparaba para salir hacia Nicaragua,

se dio cuenta de que había demasiado para llevar en un solo avión. Para llevar todos los suministros que la gente había donado, contrató un segundo avión. No sabía que este segundo avión se había estrellado recientemente. Tampoco sabía que la mayoría de la tripulación tenía poca experiencia en el pilotaje de este tipo de aviones grandes. No sabía que habían sobrecargado el avión con miles de kilos. Solo quería ayudar.

Apenas pasadas las 9:00 p. m. de la víspera de Año Nuevo, el avión que transportaba a Roberto y los suministros de socorro recorría con dificultad la pista de San Juan.

La aeronave se elevó lentamente, logrando

superar los árboles del final de la pista. Un momento después, uno de los motores emitió un fuerte estruendo. El piloto intentó dar la vuelta, pero era demasiado tarde. El avión sobrevolaba el océano. No pudo dar la vuelta y se estrelló en el mar.

Cuando se corrió la voz, miles de personas

acudieron a la playa cercana al lugar del accidente. Los buzos buscaron bajo el agua, los barcos buscaron supervivientes y restos. Buscaron durante días. No se encontró casi nada. Toda la isla y el mundo del béisbol comenzaron el nuevo año, 1973, con la triste e impactante noticia de que Roberto Clemente había fallecido a la edad de treinta y ocho años.

Capítulo 11
El alcance de su legado

El mundo del béisbol quedó estupefacto ante la muerte de Roberto. Su familia no podía creerlo. Pero todos estaban orgullosos de lo que decían de él. Llegaron cartas y notas de todas partes. Sus compañeros volaron desde Pittsburgh a Puerto Rico para asistir a su funeral. El dinero recaudado en su nombre ayudó a construir un ala infantil en un hospital en Nicaragua.

Días después de su muerte, el Salón de la

Fama del Béisbol anunció que él sería llevado a votación de inmediato. Un jugador debe esperar cinco años después de retirarse para obtener este honor. Pero al terminar la votación, Roberto fue nombrado para el Salón de la Fama, en marzo de 1973. Era la segunda vez que los periodistas de béisbol hacían esto por un jugador. (La primera fue para Lou Gehrig, en 1939).

También ese año, las Grandes Ligas de Béisbol crearon el Premio Roberto Clemente, que se otorga cada temporada a un jugador que continúa su legado. El ganador debe destacarse mucho en el terreno de béisbol y ayudar significativamente a su comunidad y al mundo.

El gobierno de los Estados Unidos también honró a Roberto. El presidente Richard Nixon donó personalmente dinero para construir el centro deportivo de Roberto en Puerto Rico. En mayo de 1973, Nixon entregó la primera Medalla Presidencial Ciudadana a Roberto. Vera viajó a la Casa Blanca para aceptar el honor. "Creo que él

estaría orgulloso de ser el primer estadounidense en recibir esta medalla", dijo.

En 1974, se inauguró la Ciudad Deportiva Roberto Clemente en Carolina. Vera dirigió el lugar durante décadas. "Cuando él murió, sentí la responsabilidad de hacer realidad una ciudad deportiva", dijo Vera Clemente. "Mi principal propósito era hacer lo que él pensaba hacer". La Ciudad Deportiva Roberto Clemente atrae a miles de jóvenes para practicar el béisbol y otras actividades.

Los honores a Roberto continuaron después de su muerte. En 1998, un puente de Pittsburgh fue rebautizado en su honor.

PREMIO ROBERTO CLEMENTE

EL PREMIO ROBERTO CLEMENTE ES UNO DE LOS MAYORES HONORES QUE PUEDE RECIBIR UN JUGADOR DE LAS GRANDES LIGAS. SE ENTREGA DURANTE LA SERIE MUNDIAL EN UNA CEREMONIA ESPECIAL A UN JUGADOR QUE DEMUESTRA SU COMPROMISO TANTO CON EL JUEGO DE BÉISBOL COMO CON LA AYUDA A SU COMUNIDAD.

ESTAS SON ALGUNAS DE LAS SUPERESTRELLAS QUE HAN GANADO ESTE HONOR:

2011 DAVID ORTIZ, MEDIAS ROJAS DE BOSTON

2009 DEREK JETER, YANKEES DE NUEVA YORK

2008 ALBERT PUJOLS, CARDENALES DE SAN LUIS

1999 TONY GWYNN, PADRES DE SAN DIEGO

1992 CAL RIPKEN JR., ORIOLES DE BALTIMORE

1988 DALE MURPHY, BRAVOS DE ATLANTA

1977 ROD CAREW, MELLIZOS DE MINNESOTA

En 2003, el presidente George W. Bush le entregó a Vera, en nombre de Roberto, la Medalla Presidencial de la Libertad. En 2012, la liga profesional de Puerto Rico en la que Roberto se inició, se rebautizó en su honor. Los jugadores actuales siguen sus pasos en la Liga de Béisbol Profesional Roberto Clemente.

Hoy, décadas después de la muerte de Roberto Clemente, miles de jóvenes caribeños han visto realizados sus sueños de béisbol en las Ligas Menores y Mayores. Roberto no fue el primer pelotero latinoamericano en lograrlo, pero fue el mejor. Predicó con el ejemplo. Su trabajo duro, su valor y su generosidad siguen influyendo en Puerto Rico, en el béisbol y en el mundo.

CRONOLOGÍA DE LA VIDA DE ROBERTO CLEMENTE

1934 — Roberto Clemente nace en Puerto Rico

1954 — Es firmado por los Dodgers de Brooklyn; juega una temporada en Montreal

1955 — Es reclutado por los Piratas de Pittsburgh; juega su primera temporada en las Grandes Ligas

1960 — Gana la Serie Mundial con los Piratas

1961 — Gana el primero de los cuatro títulos de bateo de la Liga Nacional y el primero de los doce Guantes de Oro

1964 — Se casa con Vera Zabala

1965 — Nace su hijo Roberto Jr.

1966 — Nace su hijo Luis
Gana el premio MVP de la Liga Nacional

1969 — Nace su hijo Enrique

1970 — Se celebra la Noche de Roberto Clemente en Pittsburgh

1971 — Gana su segunda Serie Mundial; es nombrado MVP de la Serie Mundial

1972 — Pega el imparable número tres mil de su carrera
— Muere en un accidente de aviación cuando llevaba suministros de ayuda a Nicaragua

— Es elegido miembro del Salón de la Fama del Béisbol

1973 — Vera recibe la Medalla Presidencial Ciudadana en nombre de Roberto de manos del presidente Richard Nixon

2003 — Vera recibe la Medalla Presidencial de la Libertad en nombre de Roberto de manos del presidente George W. Bush

CRONOLOGÍA
DEL MUNDO

Finaliza la Segunda Guerra Mundial — **1945**

Puerto Rico se convierte en un — **1952**
Estado Libre Asociado de Estados Unidos

Una revolución comunista en — **1959**
Cuba pone a Fidel Castro al mando

John F. Kennedy es elegido — **1960**
presidente de los Estados Unidos

Yuri Gagarin, de la Unión Soviética, — **1961**
es el primer hombre en el espacio

La crisis de los misiles en Cuba afecta — **1962**
a Estados Unidos y a la Unión Soviética

La Marcha sobre Washington aumenta la atención — **1963**
sobre el Movimiento de los Derechos Civiles
Asesinan al presidente Kennedy en Dallas

Los Beatles actúan por primera vez — **1964**
en la televisión estadounidense
El Congreso estadounidense aprueba la
Ley de Derechos Civiles

Se juega la primera Super Bowl **1967**

Asesinan a Martin Luther King Jr. en Memphis — **1968**

El *Apolo 11* lleva a los primeros hombres a la Luna — **1969**

Richard Nixon se convierte en el primer presidente — **1974**
estadounidense en renunciar a su cargo

Estados Unidos celebra su bicentenario — **1976**

Bibliografía

* Buckley, James Jr. **Roberto Clemente**. New York: DK Publishing, 2001.

Clemente Family. **Clemente: The True Legacy of an Undying Hero**. New York: Celebra, 2013.

Maraniss, David. **Clemente: The Passion and Grace of Baseball's Last Hero**. New York: Simon & Schuster, 2006.

Markusen, Bruce. **Roberto Clemente: The Great One**. Champaign, IL: Sports Publishing, 1998.

Musick, Phil. **Who Was Roberto?: A Biography of Roberto Clemente**. New York: Doubleday, 1974.

* Santiago, Wilfred. **21: The Story of Roberto Clement: A Graphic Novel**. Seattle: Fantagraphics, 2011.

* Winter, Jonah. **Roberto Clemente: Pride of the Pittsburgh Pirates**. New York: Atheneum Books for Young Readers, 2005.

* **Libros para jóvenes lectores**